Angelika Kipp

Meine schönste Laterne

Bastelanleitungen und Laternenlieder

frechverlag

Von der beliebten Autorin Angelika Kipp sind im frechverlag zahlreiche andere Titel erschienen. Hier eine Auswahl:

TOPP 1962

TOPP 1832

TOPP 1714

Wir danken Herrn Julius von Bukowski und Frau Erika Knoff für ihr
freundliche Unterstützung bei der Auswahl der Laternenlieder.
Die in diesem Buch abgedruckten Lieder sind entnommen aus:
„Lieder zur Martinszeit“, ausgewählt und zusammengestellt von
Erika Knoff, erschienen im „Verlag Buchhandlung am Marktplatz“,
Julius von Bukowski, 40764 Langenfeld.

Zeichnungen: Berthold Kipp

Fotos: frechverlag GmbH + Co. Druck KG, 70499 Stuttgart;
Fotostudio Ullrich & Co. Renningen

Dieses Buch enthält:
2 Vorlagenbogen

Auflage: 9. 8. 7. 6. Letzte Zahlen
Jahr: 2001 2000 1999 98 maßgebend

frechverlag GmbH + Co. Druck KG, 70499 Stuttg

ISBN 3-7724-1963-1 · Best.-Nr. 1963

Druck: frechverlag GmbH + Co. Druck KG, 70499 Stuttga

Die Tage werden kürzer, die Nächte werden länger –
die Laternenzeit bricht an!

In Schulen, Kindergärten und auch in der Bastelrunde
mit Mama und Papa geht's auf Motivsuche:
Den Schneemann?
Oder vielleicht den Pinguin?
Und das Indianerkind sieht auch ganz hübsch aus.
Oder vielleicht doch lieber ganz etwas Besonderes wie den
alten Schuh oder das Aquarium!
Die Auswahl fällt nicht leicht, aber wenn erst einmal die
Entscheidung getroffen ist, kommen die Schere,
der Klebstoff und das Transparentpapier
nicht mehr zur Ruhe!

Und was das Besondere dieses Buches ist:
Sie finden hier nicht nur originelle Vorlagen –
hier gibt's auch gleich die passenden Laternenlieder dazu!
Geübt wird in der Bastelstunde, so daß beim
Laternenumzug fröhlich mitgesungen wird!

Nun wünsche ich Ihnen und Ihren Kindern viel Spaß beim
Basteln und Singen und ein tolles Laternenfest!

Und noch ein Tip:
Nach dem Martinstag kann das selbstgebastelte
Kunstwerk mit einer elektrischen Beleuchtung das
Kinderzimmer verschönern!
Ihre
Angelika Kipp

Arbeitsmaterial

- Tonkarton (unterschiedliche Farben)
- Tonpapier (unterschiedliche Farben)
- Käseschachteln
- Transparentpapier (unterschiedliche Farben, in verschiedenen Größen – auch in Rollen – erhältlich)
- Architektenpapier (weiß)
- Regenbogen-Transparentpapier für Laternenzuschnitte
- Regenbogen-Transparentpapier (30,5 cm x 50 cm)
- wasserfeste Filzstifte in Schwarz und Rot
- Schere
- Cutter
- Schneideunterlage
- Lineal
- Zirkel
- UHU-Alleskleber
- UHU-Kraftkleber
- Lochzange
- doppelseitiges Klebeband
- batteriebetriebene Laternenbeleuchtung
- Drahtbügel
- Laternenstab
- Teelichter
- evtl. Kreisschneider

Tips und Tricks beim Basteln

Die einzelnen aufeinanderfolgenden Arbeitsschritte entnehmen Sie den Schritt-für-Schritt-Aufnahmen (S. 6/7).

Das Anfertigen der Seitenteile der Laterne

Legen Sie die Schablone auf den Tonkarton, und schneiden Sie die Innenteile heraus und die Außenkontur sauber nach. Sie können die Seitenteile der Laterne natürlich auch doppelwandig arbeiten (d.h. das Transparentpapier wird von innen und außen mit dem Tonkarton-Motiv überklebt), damit auch im Inneren der Laterne keine Klebestellen sichtbar sind – aber dieser Arbeitsaufwand ist nicht unbedingt erforderlich.

Das Anfertigen des Mittelteils der Laterne

Das Mittelteil für die Laternen hat immer eine Breite von 14 cm, einschließlich beider Klebekanten (je 8 mm breit). Die Länge des Teils ist bei jedem Motiv angegeben!

Die Knickstellen der Klebekanten müssen sauber gearbeitet werden, d.h. die Längsstreifen des Mittelteils werden links und rechts mit einer Falzlinie versehen. Dazu wird ein Lineal entlang der Knickstelle gelegt; dann fahren Sie mit der Spitze einer Schere unter leichtem Druck an dem Lineal entlang. Aus dem so markierten Kleberand schneiden Sie nun keilförmig kleine Dreiecke heraus.

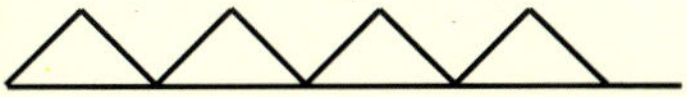

Die so verbleibenden Dreiecke werden nach oben geknickt – d.h. der Kleberand steht senkrecht zum Mittelteil – und an den beiden Seitenteilen befestigt. (Abweichungen sind gepunktet gezeichnet, s. Vorlagenbogen.) Knickstellen im Mittelteil, die an Eckstellen auftreten, werden ebenfalls kurz geknickt. Achten Sie darauf, daß die Spitze eines auszuschneidenden Keils exakt auf die Knickstelle trifft.

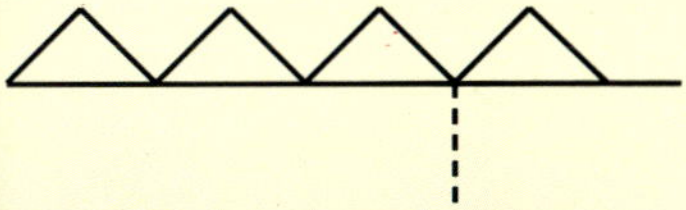

Die Mittelteile sollten an beiden Seitenteilen in gleicher Höhe abschließen. Gepunktete Linien (s. Vorlagenbogen) markieren die Abschlußkanten des Mittelstreifens.

Klebstoff
Als Klebstoff für die Mittelteile der Laterne eignet sich UHU-Alleskleber Kraft, da dieser die Papiere schnell miteinander verbindet.
Ansonsten bietet sich UHU-Alleskleber an.

Beleuchtung
Für kleinere oder sehr temperamentvolle Kinder ist es sicher sinnvoll, batteriebetriebene Beleuchtungen zu benutzen. Beim Umhertoben sind schon manche Laternen in Flammen aufgegangen, und der Martinsabend hat in Tränen geendet! Also überlegen Sie gut, was für Ihr Kind und Ihre Nerven die beste Lösung ist.
Ansonsten eignen sich Teelichter, die man mit einem doppelseitigen Klebeband am Boden der Laterne befestigt. Achten Sie darauf, daß das Teelicht mittig unter der Laternenöffnung angebracht ist.

Und noch ein Tip: Lassen Sie Ihre Kinder niemals unbeaufsichtigt mit einer Laterne allein, die durch eine brennende Kerze erleuchtet wird!

Arbeitsanleitung zum Basteln einer Laterne

1. Legen Sie Transparentpapier auf die ausgewählte Vorlage. Übertragen Sie mit einem Bleistift alle benötigten Einzelteile, ohne daß diese sich überschneiden.

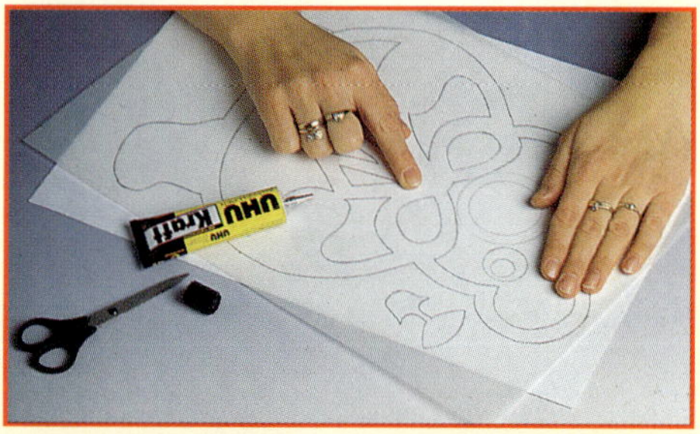

2. Das Transparentpapier wird auf eine dünne Pappe geklebt, und anschließend werden die Einzelteile ausgeschnitten. Fertig sind die Schablonen!

3. Dann werden die Schablonen auf den Tonkarton der entsprechenden Farbe gelegt und mit einem spitzen Bleistift umfahren. Schneiden Sie die Innenteile heraus und die Außenkontur sauber nach.

4. Die ausgeschnittene Tonkarton-Form benutzen Sie für das Zuschneiden des farbigen Transparentpapieres. Beim Ausschneiden des Transparentpapieres geben Sie als Kleberand immer 5 mm an jeder Seite dazu. Hinterkleben Sie dann die entsprechenden Stellen mit dem durchscheinenden Papier.

5. Werden Teile einzeln aufgesetzt, wie hier das Schnauzenteil und die Augen, so werden die Teile zunächst auf das Transparentpapier geklebt.

6. Bei nicht gewünschten Farbeffekten, wie hier z.B. bei den Augen, wird das Transparentpapier von der Rückseite vorsichtig herausgeschnitten und die Stelle neu hinterklebt. Damit ist Ihr Seitenteil fertig. Arbeiten Sie es nun nochmals genau deckungsgleich.

7. Das fertig geschnittene, gefalzte und keilförmig eingeschnittene Mittelteil wird mit einem Kraftkleber nach und nach zuerst an den äußeren Rand eines Seitenteils geklebt (Abweichungen sind gepunktet aufgezeichnet). Der Klebefalz sollte gründlich angedrückt werden. Erst dann folgt das zweite Seitenteil.

8. Der Drahtbügel wird an dem Mittelteil der Laterne befestigt, wobei die zu lochenden Stellen mit einem Quadrat (ca. 1,5 cm Seitenlänge) aus Tonkarton unterlegt werden, um so die nötige Stabilität zu erreichen. Für die Beleuchtung verwenden Sie eine batteriebetriebene Vorrichtung oder ein Teelicht, das mit einem doppelseitigen Klebeband auf dem Laternenboden befestigt wird.

Sankt Martin

Worte und Weise am Niederrhein volkstümlich

1. Sankt Martin, Sankt Martin,
Sankt Martin ritt durch Schnee und Wind,
sein Roß, das trug ihn fort geschwind.
Sankt Martin ritt mit leichtem Mut,
sein Mantel deckt ihn warm und gut.

2. Im Schnee saß, im Schnee saß,
im Schnee da saß ein armer Mann,
hat Kleider nicht, hat Lumpen an.
„O, helft mir doch in meiner Not,
sonst ist der bittre Frost mein Tod!“

3. Sankt Martin, Sankt Martin,
Sankt Martin zog die Zügel an,
das Roß stand still beim armen Mann.
Sankt Martin mit dem Schwerte teilt
den warmen Mantel unverweilt.

4. Sankt Martin, Sankt Martin,
Sankt Martin gab den halben still,
der Bettler rasch ihm danken will.
Sankt Martin aber ritt in Eil’
hinweg mit seinem Mantelteil.

Ein Vogelbauer

Damit der kleine Vogel nicht fortfliegt, schneiden Sie den Käfig zweimal aus und setzen den Sänger hinter die Gitterstäbe. Hinterkleben Sie den Käfig mit Regenbogen-Transparentpapier. Die Innenflächen des Vogels werden von der Rückseite her wieder herausgetrennt und mit andersfarbigem Transparentpapier hinterklebt.
Fixieren Sie das Mittelteil (14 cm x 70 cm). Befestigen Sie den Drahtbügel, und bringen Sie die Beleuchtung an. Nun können Sie den Vogelbauer durch die Straßen tragen – ohne Angst, daß Ihr Vögelchen davonfliegt!

Ein Clowngesicht

So eine Clownlaterne sieht sehr witzig aus!

Schneiden Sie die Grundform des Clowns zweimal aus.

Dann benötigen Sie noch als separate Einzelteile die Pupillen und den lachenden Mund.

Hinterkleben Sie das Clowngesicht mit dem jeweiligen Transparentpapier.

Die Pupillen und der Mund werden von vorne fixiert.

Beim Mund wird von der Rückseite her das weiße Innenteil herausgeschnitten und durch rotes Transparentpapier ersetzt.

Dann fixieren Sie das Mittelteil (14 cm x 65,5 cm) der Laterne.

Ist der Drahtbügel befestigt und die Beleuchtung eingeschaltet, erstrahlt der Clown in seiner ganzen Schönheit!

Laterne, Laterne

Aus Hamburg

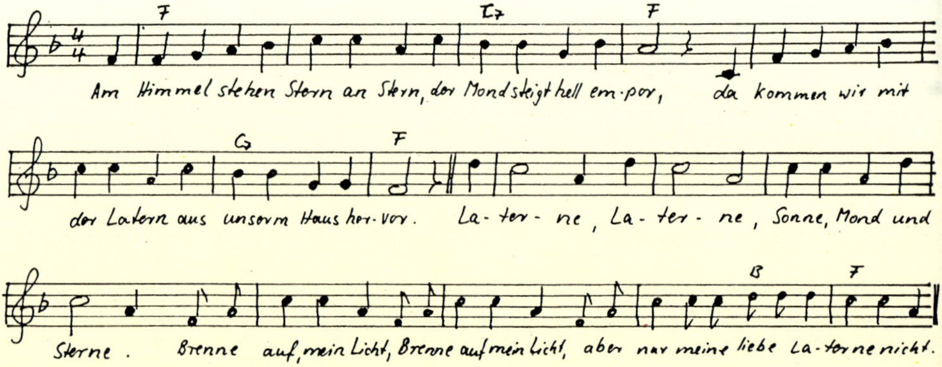

1. Am Himmel stehen Stern an Stern,
der Mond steigt hell empor,
da kommen wir mit der Latern
aus unserm Haus hervor.
Laterne, Laterne, Sonne, Mond und Sterne.
Brenne auf, mein Licht,
aber nur meine liebe Laterne nicht.

2. Wir tragen in die Nacht hinaus
Laternen bunt und schön.
Dann löschen wir die Kerzen aus
und wolln nach Hause gehn.
Laterne, Laterne, …

Ganz schön bärig!

Die Beschreibung dieser bärigen Laterne entnehmen Sie den Schritt-für-Schritt-Aufnahmen (S. 6/7).
Das Mittelteil der Laterne beträgt 14 cm x 59 cm.

Herr Pinguin

Auch für diese Pinguinlaterne benötigen Sie die Grundform in zweifacher Ausführung.

Hinterkleben Sie den Körper mit weißem Architektenpapier, die Krawatte jedoch mit blauem Transparentpapier.

Die Augen, der Schnabel sowie die orangefarbenen Füße werden jeweils von vorne fixiert.

Das Transparentpapier von Schnabel und Auge wird von der Rückseite her herausgetrennt und durch entsprechend andersfarbiges Transparentpapier ersetzt.

Nun fixieren Sie nach und nach das Mittelteil (14 cm x 71 cm) der Laterne an den Außenrändern (Ausnahmen sind gepunktet dargestellt) des Pinguinkörpers.

Dann wird das zweite Seitenteil angesetzt.

Mit einem Drahtbügel und der Beleuchtung versehen, wird Herr Pinguin Sie gerne begleiten!

Mausi-Maus

Für die Mauslaterne benötigen Sie je zweimal die Grundform des Mausgesichtes, das Haarteil, die Schleife und die Ohrinnenteile, das Augenpaar, das Schnäuzchen und den Schnurrbart.

Hinterkleben Sie das Mausgesicht mit dem farbigen Transparentpapier.

Mit einem wasserfesten schwarzen Filzstift werden die Pupillen aufgezeichnet.

Fixieren Sie die Ohrinnenteile, das Haarteil, die Schleifenteile und das Augenpaar auf der Gesichtsform.

Dann ergänzen Sie das Laternenmittelteil (14 cm x 51 cm).

Nun fehlen noch die Schnurrbarthaare und das Schnäuzchen auf der Laterne.

Das Mäuschen braucht den Drahtbügel und die passende Beleuchtung, und schon kann es mit Ihnen durch die Dunkelheit huschen!

Ich hab eine feine Laterne

Text, Melodie: Horst Weber // Zugabe 1

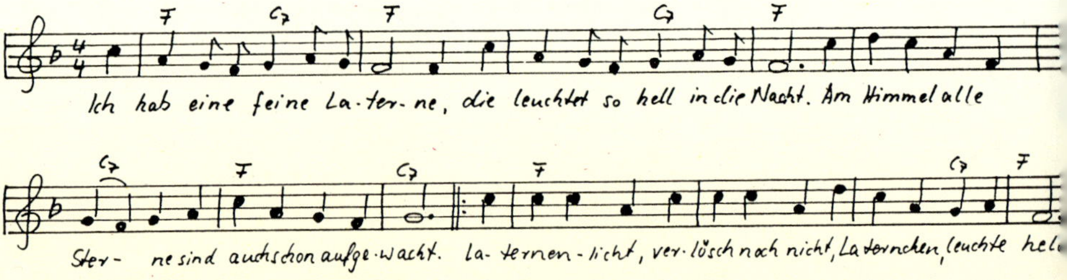

1. Ich hab eine feine Laterne,
die leuchtet so hell in die Nacht.
Am Himmel alle Sterne
sind auch schon aufgewacht.
Laternenlicht, verlösch noch nicht,
Laternchen, leuchte hell.

2. Ich trag meine feine Laterne
ganz ruhig vor mir her;
ich hab sie ja so gerne,
sie wird mir nicht zu schwer.
Laternenlicht, …

Viele, viele bunte Kreise

Schneiden Sie die Laternenform zweimal aus. Die Anzahl der Kreise, die Sie aufkleben möchten, ist beliebig. Hinterkleben Sie die beiden großen Kreisformen mit Transparentpapier.

Die kleinen Kreise werden von außen aufgesetzt; von der Rückseite werden die Innenflächen der Kreise herausgelöst und durch andersfarbige Transparentpapiere ersetzt. Dann fixieren Sie das Mittelteil der Laterne (14 cm x 71 cm). Nun braucht die Laterne noch eine Beleuchtung und den Drahtbügel, und dann kann es losgehen.

Ich geh mit meiner Laterne

volkstümlich

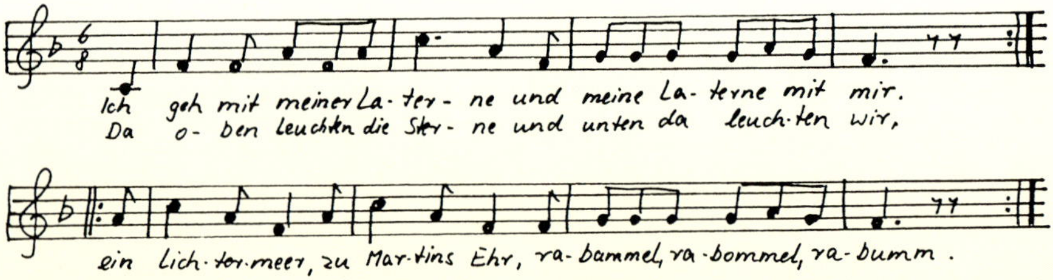

1. Ich geh mit meiner Laterne und meine Laterne mit mir.
Da oben leuchten die Sterne, hier unten leuchten wir.
Ein Lichtermeer zu Martins Ehr,
rabammel, rabommel, rabumm.

2. Ich geh …
Der Martinsmann, der zieht voran,

3. Ich geh …
Wie schön das klingt, wenn jeder singt,

4. Ich geh …
Beschenkt uns heut, ihr lieben Leut,

5. Ich geh …
Mein Licht ist aus, ich geh nach Haus,

Ein bunter Laternenfisch

Schneiden Sie die Grundform des Fisches zweimal aus. Je nach Wunsch hinterkleben Sie die einzelnen Schuppen und das Auge mit unterschiedlich farbigem Transparentpapier.
Befestigen Sie das Mittelteil (14 cm x 55 cm) der Laterne zunächst an einem Fischkörper, erst dann folgt das zweite Teil.
Nun fehlen nur noch der Drahtbügel und die Beleuchtung, und der Fisch erstrahlt in voller Schönheit.

Eine gefährliche Raubkatze

Für die Raubkatzen-Laterne benötigen Sie das Mähnenteil, das Löwengesicht, das Augenpaar, die Nase und die Barthaare in doppelter Ausführung.

Die Nase wird aufgeklebt, das Maul ist aufgezeichnet.

Hinterkleben Sie das Gesichtsteil mit Transparentpapier.

Die Augen werden von vorne ergänzt.

Das bereits vorhandene Transparentpapier der Augen wird von der Rückseite her entfernt und durch ein andersfarbiges ersetzt.

Das Kopfteil fixieren Sie auf der Mähne.

Den Mittelstreifen (14 cm x 50 cm) der Laterne befestigen Sie an den vorgegebenen Linien (s. Vorlagenbogen: gepunktete Linie).

Die Barthaare werden nach Fertigstellung der Laterne von vorne ergänzt.

Nun fehlen nur noch der Drahtbügel und die Innenbeleuchtung, und schon sieht das Tier recht gefährlich aus.

Mein Aquarium

Die Grundform des Aquariums samt Fisch und Pflanzen benötigen Sie in doppelter Ausführung.

Hinterkleben Sie die Teile jeweils mit dem gewünschten farbigen Transparentpapier.

Das Auge des Fisches sowie die Luftblasen werden von vorne ergänzt. Das innenliegende Transparentpapier wird hier von der Rückseite her herausgetrennt und durch neue Farbtöne ersetzt.

Dann fügen Sie das Mittelteil (14 cm x 70,5 cm) der Laterne mit den beiden Seitenteilen zusammen und ergänzen den noch fehlenden Drahtbügel.

Licht in der Laterne

Text, Melodie, Satz: Eduard Döring

1. Licht in der Laterne,
ich geh mit dir so gerne.
Rotes, grünes, goldnes Haus!
Lichtlein, Lichtlein, geh nicht aus!

2. Alle Leut es sehen,
wenn wir Laterne gehen!
Rotes …

3. Und wir Kinder singen,
daß alle Straßen klingen!
Rotes …

4. Laßt euch von uns sagen:
du sollst ein Lichtlein tragen!
Rotes …

Mein Lieblingsknochen

Die Grundform der Laterne sowie das Ohrenpaar benötigen Sie in doppelter Ausführung. Hinterkleben Sie die einzelnen Ausschnitte der Laterne in den gewünschten Farben;
das Augenpaar wird von vorne aufgeklebt.
Fixieren Sie das Mittelteil (14 cm x 74,5 cm).
Die Ohrenpaare werden an beiden Seitenteilen ergänzt.
Nun befestigen Sie noch den Drahtbügel und die Beleuchtung, und dann kann der Laternenumzug in treuer Begleitung beginnen.

Laßt uns froh und munter sein

Text: August Stapper, 1855

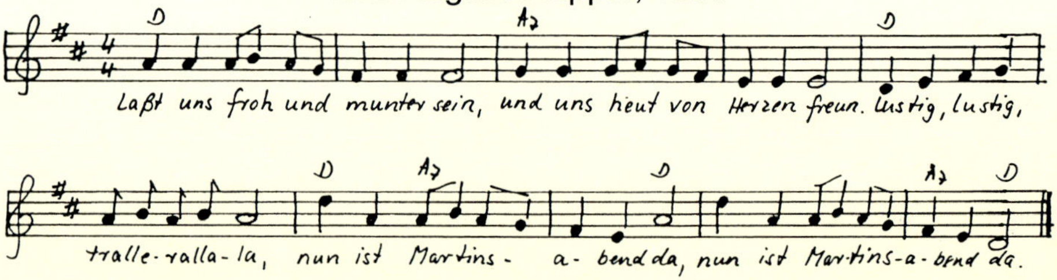

1. Laßt uns froh und munter sein
und uns heut von Herzen freun!
Lustig, lustig, tralle-rallala, nun ist Martinsabend da,
nun ist Martinsabend da!

2. Nehmt die Fackel in die Hand,
rasch das Kerzchen angebrannt.

3. Springen wollen wir kreuz und quer
übers liebe Kerzchen her.

4. Spielen wir so nachbarlich,
o, dann freu'n die Eltern sich.

5. Allen Kindern nun zum Spaß
wirft auch Sankt Martinus was.

6. Ist das liebe Spielchen aus,
o, dann gehn wir froh nach Haus.

7. Und nun backt nach altem Brauch
uns die Mutter Kuchen auch.

8. Nach der Freude danken wir
unserm lieben Gott dafür.

Ein kleiner Chinese

Schneiden Sie die Laternenform zweimal aus, und hinterkleben Sie sie mit Transparentpapier Ihrer Wahl. Sein typisches Aussehen erhält der Chinese von vorne durch die Schlitzaugen, den Bart und den Mund.

Dekorieren Sie noch den Hut mit gelben Tonkarton-Streifen, und kleben Sie das Laternen-Mittelteil (14 cm x 55 cm) an die Außenkanten der Laterne, wobei die gepunkteten Linien (s. Vorlagenbogen) Abweichungen von der Gesichtsform darstellen. Mit einem Drahtbügel und der passenden Beleuchtung versehen, bringt diese Laterne eine exotische Atmosphäre in Ihren Laternenzug.

Eine Rabenlaterne

Schneiden Sie die Grundform des Vogels zweimal aus, die dann mit Regenbogen-Transparentpapier hinterklebt wird.

Die zweiteiligen Flügel und die Krallen, die aus Tonkarton gearbeitet sind, sind ebenso wie der Schnabel und der äußere Augenring von vorne fixiert.

Beim Schnabel und bei den Augen wird von der Rückseite her das Transparentpapier herausgelöst und andersfarbig ersetzt.

Erst dann werden die Pupillen ergänzt.

Kleben Sie den Zweig von hinten gegen die Laterne.

Dann wird das Mittelteil (14 cm x 54 cm) der Laterne fixiert, das am Körper des Raben entlangläuft.

Ist das Rückenteil ebenfalls befestigt, fehlen nur noch der Drahtbügel und die Beleuchtung.

Nun kann der Vogel zu seinem nächtlichen Ausflug aufbrechen.

Eine kleine Schnecke

Schneiden Sie zunächst den Schneckenkörper samt Nasenteil und Fühlern sowie alle Kreise für das Schneckenhaus in doppelter Ausführung aus.

Damit das langsame Tier auch die Welt erkunden kann, benötigt es sein Auge und den Mund.

Die Fühler und Nasenteile werden jeweils von vorne ergänzt.

Dann fügen Sie die Hausteile zusammen: Zunächst wird das gelbe Transparentpapier hinter dem blauen Ring fixiert.

Der nächste Ring wird von vorne auf das Transparentpapier geklebt, und von der Rückseite her wird das innere durchscheinende Papier herausgetrennt und durch andersfarbiges ersetzt.

Der nächste Ring wird in gleicher Weise angebracht.

Der kleinste Ring ist dann nur noch aufgeklebt.

Befestigen Sie das Haus auf dem Schneckenkörper.

Fixieren Sie das Mittelteil (14 cm x 60 cm) der Laterne an den fertiggestellten Seitenteilen; die gepunktete Linie (s. Vorlagenbogen) dient hierbei als Hilfslinie.

Nun braucht das Haus noch seine Beleuchtung und den Drahtbügel, und schon geht's in gemächlichem Tempo auf zum Laternenzug.

Kleines Fräulein

Text: Jakob Hell

1. Kleines Fräulein, kleiner Mann,
steck dein helles Kerzchen an!
Trag dein Licht aus unserem Haus
in die dunkle Welt hinaus.

2. Kleines Fräulein, …
Brennt dein Lämpchen irgendwo,
werden rings die Leute froh.

3. Kleines Fräulein, …
Auch dein Auge, dein Gesicht,
ist in dieser Welt ein Licht.

4. Kleines Fräulein, …
Lichtlein hier und Lichtlein da:
Gottes Lieb ist immer nah!

Ein alter Schuh

Diese alte Schuhform, den Schnürsenkel, die Knöpfe und das aufgesetzte Mittelteil der Sohle benötigen Sie in doppelter Ausführung. Die Grundform des Schuhes wird mit Regenbogen-Transparentpapier hinterklebt. Die Knöpfe, der Schnürsenkel und das Sohlenmittelteil werden von vorne aufgesetzt. Befestigen Sie nun das Mittelteil (14 cm x 67 cm). Dann braucht der Schuh noch den Drahtbügel und die von Ihnen gewählte Beleuchtung, und schon erstrahlt der alte Schuh im neuen Glanz.

Eine Schneemannlaterne

Schneiden Sie die Schneemannform samt Mütze und Schal gleich zweifach aus.

Ebenso benötigen Sie das Augenpaar samt Pupillen, die typische Möhrennase und den Mund in doppelter Ausführung.

Hinterkleben Sie die Schneemannform mit weißem Architektenpapier und den bunten Transparentpapieren.

Das Augenpaar, die Nase und der Mund werden von vorne ergänzt. Von der Rückseite wird an diesen Stellen das Architektenpapier herausgelöst und durch andersfarbiges Transparentpapier ersetzt.

Die Pupillen werden von vorne fixiert.

Dann bringen Sie das Mittelteil (14 cm x 63,5 cm) der Laterne an.

Nun braucht der kühle Geselle noch seinen Drahtbügel und die Beleuchtung, und dann nichts wie ab in die Dunkelheit!

Da draußen weht der Wind so kalt

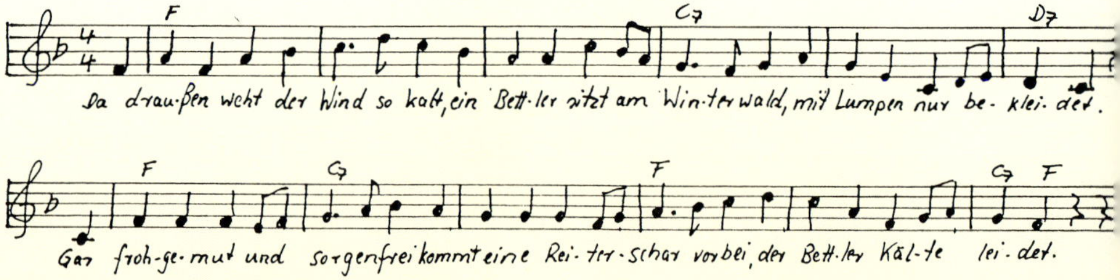

1. Da draußen weht der
Wind so kalt, ein Bettler
sitzt am Winterwald,
mit Lumpen nur bekleidet.
Gar frohgemut und sor-
genfrei kommt eine Rei-
terschar vorbei,
der Bettler Kälte leidet.

2. Sankt Martin führt die
Rotte an, ein großer star-
ker Reitersmann
auf einem stolzen Schim-
mel.
Ein Mantel hüllt ihn schüt-
zend ein, und Raben
krächzend ihn umschrein,
es schneit aus hohem
Himmel.

3. Der Bettler streckt die
Hand empor und bittet um
ein willig Ohr,
erhebt sich von der Erde.
Sankt Martin hält die
Rosse an, und vor dem
armen Bettelmann
stehn Reiter still und
Pferde.

4. Und mittendurch im
Augenblick teilt er den
Mantel in zwei Stück
– tät sich nicht lang
besinnen –
und reicht die eine Hälfte
dann dem überraschten
Bettelmann
und wendet sich von
hinnen.

5. Die Reitersknechte, rauh
und grob, sind still und
ganz erstaunt darob
und hören auf zu scher-
zen.
Sankt Martin reitet
schweigend fort, der Bett-
ler ruft ein Dankeswort
aus überfrohem Herzen.

Eine Regenschirm-Laterne

Das Seitenteil der Schirm-Laterne benötigen Sie in doppelter Ausführung. Hinterkleben Sie die Form mit farbigem Transparentpapier. Die Regentropfen werden jeweils auf das Seitenteil aufgeklebt. Von der Rückseite her wird das Transparentpapier aus dem Tropfeninneren entfernt und andersfarbig ersetzt. Fixieren Sie das Mittelteil (14 cm x 69 cm). Nun noch den Drahtbügel und die gewünschte Beleuchtung angebracht – und dieser Laternenumzug wird sicher „gut beschirmt“.

Für Schmusekatzen

Für diese Laterne benötigen Sie den Körper der Katze, das Schleifenteil sowie das Auge in zweifacher Ausführung. Die Schleife wird auf dem Körper fixiert, und die Seitenteile werden mit Regenbogen-Transparentpapier hinterklebt. Zeichnen Sie mit dem Filzstift die Pupille auf, fügen Sie das zweiteilige Auge zusammen, und kleben Sie es auf. Die Schnurrbarthaare sind aufgezeichnet.

Nun braucht die Katze nur noch ihr Mittelteil (14 cm x 68 cm). Ist der Drahtbügel befestigt und die Beleuchtung angebracht, beginnt für die Katze ihr nächtlicher Streifzug!

Eine kleine gelbe Ente

Die Grundform der Laterne schneiden Sie zweimal aus.
Dann wird die kleine Ente mit Regenbogen-Transparentpapier hinterklebt und das Auge von vorne fixiert.
Nun fehlen noch das Mittelteil (14 cm x 54,5 cm), der Drahtbügel und die passende Beleuchtung, dann ruft der Laternenumzug!

Ein Bettler saß im kalten Schnee

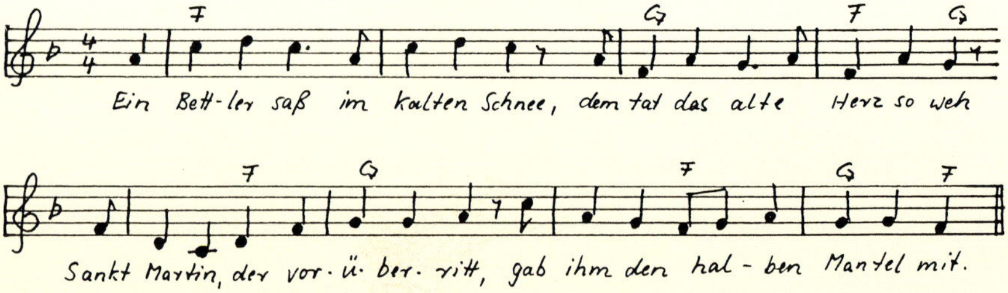

1. Ein Bettler saß im kalten Schnee,
dem tat das alte Herz so weh.
Sankt Martin, der vorüberritt,
gab ihm den halben Mantel mit.

2. Da dankte still der alte Mann
und sah ihn voller Freude an.
Sankt Martin zog des Weges fort
und bald erfuhr er Gottes Wort.

3. Geschrieben steht: „Seid allen gut,
denn was ihr dem Geringsten tut,
das habt ihr mir, dem Herrn, geschenkt!“
Wohl dem, der wie Sankt Martin denkt.

Ein kleiner Indianerjunge

Schneiden Sie das Seitenteil der Laterne zweimal aus. Mit farbigem Transparentpapier hinterkleben Sie das Gesicht, das Stirnband und die Federn. Die Nase wird mit einem wasserfesten Stift aufgezeichnet; die Augen und der Mund werden aufgeklebt. Ergänzen Sie das Mittelteil (14 cm x 60,5 cm) der Laterne. Dann brauchen Sie noch den Drahtbügel und die Beleuchtung. Und nun kann der kleine Indianerjunge die Gegend im Kerzenschein erkunden.

Herzchenlaterne

Für diese Laterne benötigen Sie eine Käseschachtel (Durchmesser 15,5 cm). Das untere Schachtelteil ist der Laternenboden, das obere dient als Deckenteil. Kleben Sie die Herzchen (aus Tonpapier) auf das Regenbogen-Transparentpapier (Laternenzuschnitt, im Fachhandel erhältlich).

Sie haben hier auch die Möglichkeit, das Regenbogenpapier aus dem Inneren der Herzen herauszulösen, um es dann durch einfarbiges Transparentpapier zu ersetzen. Der obere und untere Rand der Laterne wird jeweils mit einem Streifen Tonpapier (2,5 cm x 54 cm) umklebt. Nun brauchen Sie nur noch den Drahtbügel und die Beleuchtung anzubringen, dann ist die herzliche Laterne fertig!

Funkelnde Sterne

Auch für diese Laterne benötigen Sie eine Käseschachtel (Durchmesser 15,5 cm). Das untere Schachtelteil wird der Laternenboden, das obere Teil dient als Laternendeckel. Das Regenbogen-Transparentpapier, das als Laternenzuschnitt im Handel erhältlich ist, wird mit den Schachteln verbunden. Die verschiedenfarbigen Sterne sowie die umklebten Ränder der Käseschachtel (2,5 cm x 54 cm) sind aus Tonpapier gearbeitet. Sind alle Sterne aufgeklebt, braucht die Laterne nur noch den Drahtbügel und eine Beleuchtung, und auf geht es mit funkelnden Sternen zum Laternenumzug.

Kerzenlicht

Übertragen Sie das aufgezeichnete Muster der Laterne insgesamt zweimal direkt nebeneinander auf den Tonkarton, wobei die äußere Knickstelle nur einmal (außen) benötigt wird. Die gezeichneten Knickstellen (gestrichelte Linie) falzen Sie mit Hilfe eines Lineals und einer Schere (s. Schritt-für-Schritt-Aufnahmen). Das Papier läßt sich nun problemlos knicken. Hinterkleben Sie jedes Motiv einzeln mit Regenbogen-Transparentpapier. Als Laternenboden dient ein Quadrat mit 12,5 cm Seitenlänge, mit dem die unteren Knickstellen verbunden werden. Die oberen Knickstellen werden innen festgeklebt.
Beleuchtung und Drahtbügel sind noch gefragt!

Sternenlaterne

Schneiden Sie die Grundform der Laterne samt Sternenmuster aus. Gestrichelte Linien falzen Sie mit Hilfe eines Lineals und einer Schere (s. Schritt-für-Schritt-Aufnahmen). Hinterkleben Sie alle vier Laternenfenster einzeln mit Regenbogen-Transparentpapier.
Dann fügen Sie die Laterne zusammen.
Die unteren Kanten werden an den Laternenboden (Quadrat: Seitenlänge 12,5 cm) geklebt, die oberen nach innen geknickt und festgeklebt.
Die Laterne benötigt noch einen Drahtbügel und die Beleuchtung.
Übrigens: Diese Sternenleuchte kann auch gut als Tischlaterne verwendet werden!

Zur Geisterstunde

Übertragen Sie das Motiv vom Vorlagenbogen zweimal direkt nebeneinander auf den Tonkarton, wobei die linke Faltkante nur einmal (außen) benötigt wird. Falzen Sie die Knickstellen (gestrichelte Linien auf dem Vorlagenbogen) der Laterne (s. Schritt-für-Schritt-Aufnahmen). Jedes Laternenfenster hinterkleben Sie einzeln mit Regenbogen-Transparentpapier. Die unteren Knickstellen werden mit dem Laternenboden (Quadrat: Seitenlänge 12,5 cm) verbunden, die oberen nach innen fixiert. Sie können diese Laterne auch als gespenstische Tischlaterne benutzen. Ansonsten befestigen Sie einen Drahtbügel und die Beleuchtung.